Marko Simsa • Silke Brix

Das Zookonzert

Eine sinfonische Geschichte für Kinder
Mit Musik von Erke Duit

JUMBO

CD 04

„Rosalie!!!", ruft der Papa. „Höchste Zeit zum Schlafengehen! Ab mit dir ins Bett!"
Und was ruft da die Rosalie?
Nun, du kennst das ja bestimmt auch: Denk dir, du bist schon im Pyjama, hast längst zu Abend gegessen, die Zähne sind geputzt und Mama oder Papa sagen: „Ab mit dir ins Bett!"
Und was sagst dann du?
Rosalie jedenfalls ruft: „Ich will aber noch gar nicht schlafen! Ich bin noch gar nicht müde!"

„Schluss mit dem Schmusen und Schluss mit dem Küssen", murmelt das Faultier. „Ich will endlich mal in Ruhe faul sein!"
Ferdinand stimmt ausnahmsweise zu: „Ja, hey, ich finde das Küssen auch nicht so wichtig. Viel wichtiger wäre, ich erzähl mal was von meinen Ozeanreisen. Und von meinem Uropa …"

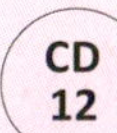

„Psst, Ferdinand“, flüstert Rosalie. „Du bist noch immer nicht dran. Hör doch nur: Die Pinguine watscheln heran.“ Von Rosalies Stofftierregal kommt eine Gruppe Pinguine angewackelt.

CD 13

An der Spitze ein großer, dahinter viele kleine. Huch, schon platschen sie alle ins Wasser. Mit schnellen Bewegungen schwimmen sie ein paar Runden in Rosies Zimmer, bevor sie auf der Bettdecke gemütlich weiterwatscheln.

CD 14

Doch bald flüchten die Pinguine vor dem nächsten Tier: dem Krokodil. Das Krokodil hat Hunger! Und es fühlt sich von Rosalie etwas vernachlässigt.

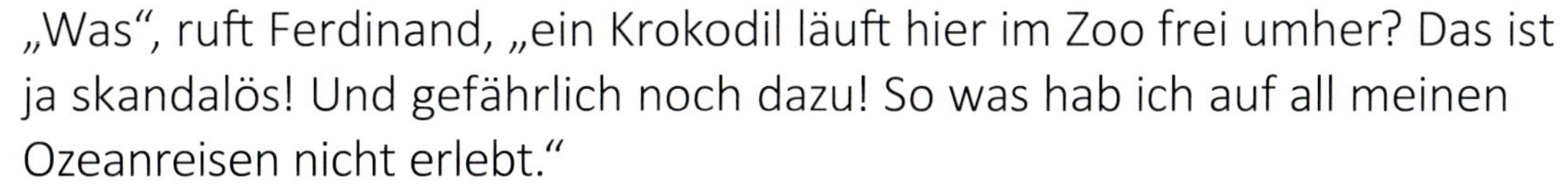

„Was“, ruft Ferdinand, „ein Krokodil läuft hier im Zoo frei umher? Das ist ja skandalös! Und gefährlich noch dazu! So was hab ich auf all meinen Ozeanreisen nicht erlebt.“
Das Faultier schimpft: „Kann diese Plappertante Ferdinand nicht endlich mal den Schnabel halten?“
Ferdinand faucht zurück: „Hey Kleiner, nur nicht frech werden, du fauler Sack!“
„Ruhe, ihr Streithähne!“, zischt Rosalie. „Macht besser Platz für den nächsten großen Auftritt von meinem Mississippi-Krokodil.“

CD 15

„Sehr verehrte Kinder, liebe Zoobesucher“, hebt das Krokodil feierlich an. „Am Abend bin ich ziemlich hungrig. Und meine Zoodirektorin Rosalie hat schon wieder vergessen, mich zu füttern. Darum hören Sie nun ein Lied über mein Abendessen. Aber ich muss sagen – es ist ein sehr trauriges Lied: Sie hören nun den Mississippi-Kroko-Blues.“

Kroko-Blues

Rosalie mampft am Abend hunderttausend Sachen,
steckt Leckerbissen rein in ihren Rachen.
Ja, da schmaust sie manchmal ohne Maß und Ziel
und dabei vergisst sie ihr armes, altes, liebenswertes,
einsames und schrecklich hungriges Kro-ko-kodil.

Marko Simsa • Silke Brix

Das Zookonzert

Eine sinfonische Geschichte für Kinder

Mit Musik von Erke Duit

„Das Zookonzert"-Orchester

Beim Zookonzert spielt ein großes Orchester. Ob Geige oder Querflöte, Trompete oder Trommel – hier sind alle Instrumente vertreten, die am Zookonzert beteiligt sind. Viel Spaß beim Entdecken.

Die Blechblasinstrumente

Die Streichinstrumente

Duits Musik ist zwischen fröhlicher Orchester- und Salonmusik mit kleinen Jazzanteilen [...] angesiedelt.

Fono Forum

JUMBO
Neue Medien & Verlag GmbH
Henriettenstraße 42 a • 20259 Hamburg
www.jumboverlag.de

Refrain: Drum sitz ich hier und warte ab
und seh ich was, dann mach ich schnapp, schnapp.
Dann mach ich schnapp, dann mach ich schnapp, schnapp
und fresse alles auf – schnabbeldibubbeldibapp!

Rosalies Spezialgebiet ist Naschen.
Sie hat mit Schokolade vollgefüllte Taschen.
Ja, da nascht sie manchmal ohne Maß und Ziel
und dabei vergisst sie ihr armes, altes,
liebenswertes, einsames, unglückliches
und schrecklich hungriges Kro-ko-kodil.

Refrain: Drum sitz ich hier und warte ab ...

Nach dem Essen spielt sie gern mit ihren Tieren.
Mal steht sie Kopf und mal wie ich auf allen vieren.
Ja, in ihrem Zimmer hat sie Platz für jedes Spiel
und dabei vergisst sie ihr armes, altes,
liebenswertes, einsames, trauriges
und schrecklich hungriges Kro-ko-kodil.

Refrain: Drum sitz ich hier und warte ab ...

„Psst, ich sehe etwas", flüstert das Krokodil voller Aufregung. „Vielleicht ist es etwas zu essen für mich! Mmh ... ich habe ja so einen köstlichen Krokoappetit. Oje, das ist ja eine Schnecke! Igitt, ich will doch keine Schnecke zum Abendessen! Ihhh, welchem Krokodil schmecken schon Schnecken!? Lieber geh ich mich verstecken unter Rosies Decken, bevor ich muss schmecken grausige Schnecken." CD 16

Sehr langsam und leise kriecht die kleine Schnecke daher. Rosie schaut ihr zu. „Hey, Paola, bei deinem Schneckentempo wird mir ziemlich langweilig!" Kaum hat Rosie das gesagt, wird Paola plötzlich zur schnellsten Schnecke der Welt und rast in einem Höllentempo durch das Zimmer: über Rosies Bett ... über den Schreibtisch ... die Wand entlang ... und donnert gegen die Tür. Von draußen hört Rosalie die Stimme des Zoowärters, die der Stimme ihres Papas zum Verwechseln ähnlich klingt: „Alles klar, Frau Zoodirektorin?" „Ja", bestätigt Rosalie, „alles bestens im Griff!"

Und schon geht es weiter mit Paola, der schnellsten Schnecke der Welt: unter dem Stuhl ... über den Teppich ... zum Bett zurück und ... oje ... dabei rammt sie unabsichtlich die Kuh und das Schwein, die sich übrigens gerade küssen wollten, den Elefanten, das hungrige Krokodil, das Faultier und unglücklicherweise auch noch Ferdinand, den Seefahrer-Papagei.

„Skandalös!“, ruft Ferdinand. „Die spinnt wohl, diese Turboschnecke. Wo ich mich doch gerade einsingen wollte.“

CD 18

„Ist ja nicht so schlimm“, beruhigt Rosie ihn. „Jetzt muss Paola nur noch zu ihrem Platz zurückkriechen und dann bist du an der Reihe.“

Doch Ferdinand schmollt: „Mir reicht's! Bis jetzt wollte schließlich auch niemand etwas von meiner Seefahrergeschichte wissen. Stattdessen musste ich verliebte Stalltiere ertragen, einem verfressenen Krokodil zuhören und dann wurde ich auch noch von einer wild gewordenen Schnecke niedergerannt. Ich habe keine Lust mehr!“

Das Faultier murmelt: „Also bitte – mir ist es sowieso viel lieber, wenn diese aufgedrehte Plappertante Ferdinand endlich mal den Schnabel hält.“

Doch diese Freude macht ihm Ferdinand wirklich nicht. „Na gut“, sagt er. „Dann werde ich euch mal von meinen Ozeanreisen erzählen. Aber nur, weil ihr es unbedingt hören wollt.“

CD 19

Ferdinands Seemannslied

Ob Norden, ob Süden, ob Ost oder West,
jede Insel, jeder Berg, jedes Dorf, jedes Nest.
Von der Welt, kann man sagen, sah ich wirklich sehr viel,
doch ich hatte immer nur ein einziges Ziel.

Refrain: Ich reiste über alle Ozeane,
mein Ziel war Rosies Badewanne.
Dorthin bring ich Rosalie Musik aus der Welt,
zum Beispiel aus Afrika, wo's mir gut gefällt!

Ich sah alle Meere, ich sah die halbe Welt,
was ich nicht sah, davon hat schon Uropa erzählt.
Doch die Welt zu entdecken, war für mich nur ein Spiel,
denn ich hatte immer nur ein einziges Ziel.

Refrain: Ich reiste über alle Ozeane,
mein Ziel war Rosies Badewanne.
Dorthin bring ich Rosalie Musik aus der Welt,
auch aus Südamerika, wo's mir gut gefällt!

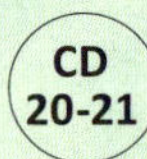

Von draußen ruft die Zoowärterpapastimme: „Meine Damen und Herren, liebe Kinder und liebe Tiere, der Zoo schließt in fünf Minuten und das Licht geht aus!“
„Da müssen wir uns aber beeilen“, sagt Rosalie und zählt die Füße des nächsten Tieres, das da gemütlich aus der Bettlade heraufspaziert. Der Tausendfüßler sortiert sorgfältig seine Beine und zeigt dann seinen einzigartigen, höchstkomplizierten Tausendfüße-Stepp.

Kaum ist der Tausendfüße-Stepp zu Ende, hüpfen und quaken auf Rosalies Nachtkästchen die Frösche.
„Gut aufgepasst!", rufen sie. „Wir zeigen euch die Froschpolka!"
„Oh nein", stöhnt das Faultier verzweifelt.
Aber Rosalie freut sich, denn sie weiß: „Bei der Frosch-Polka wird kräftig mitgeklatscht!"

CD 22-23

Schon wieder hört Rosie eine Durchsage der Zoowärterpapastimme:
„Liebe Frau Zoodirektorin, wir weisen höflich darauf hin, dass der Zoo in dieser Minute seine Tore schließt und nun alle Tiere Nachtruhe halten müssen!“
„Es fehlen nur noch die Affen“, ruft Rosie zurück, „dann werden bestimmt alle gut schlafen.“

CD 24-25

Quietschvergnügt springen die Affen vom Kasten auf die weiche Bettdecke, sie schwingen durch Rosies Zimmer und schaukeln an der Lampe.
„Ojemine“, seufzt das Faultier.
„Skandalös!“, ruft Ferdinand.
Ja, es ist wirklich das reinste Affentheater.

CD 26

Das große Zootor öffnet sich. Der Zoowärter kommt ins Kinderzimmer und schaut sich um. Er sieht Rosalies Papa übrigens zum Verwechseln ähnlich. „Aha“, sagt er, „hier war ja ganz schön was los. Hoffentlich macht meine junge Kollegin morgen ein bisschen Ordnung hier im Zoo.“
Rosalie schlüpft unter die Decke. „Ja, Papa, morgen wird aufgeräumt“, verspricht sie. „Aber jetzt kommt noch das allerletzte Tier.“

Der Papa will schon schimpfen. „Noch ein Tier?!"
„Ja", sagt Rosalie, „der große Bär. Und der bist du, Papa."
„So, so", schmunzelt der Papa-Bär und setzt sich mit ans Bett.
Rosalie macht es sich an seiner Seite gemütlich. „Weißt du, Papa", erklärt sie, „mein Zoo ist eigentlich so richtig groß! Aber jetzt sind wir alle sehr müde geworden."
Stimmt, das Krokodil will gar nicht mehr schnappen.
Die Frösche und der Tausendfüßler liegen erschöpft auf dem Teppich.
Und der Elefant schafft keinen einzigen Trompetenton mehr.
Nicht einmal der freche Ferdinand will jetzt noch etwas sagen.
Es wird sehr leise in Rosies Zimmer.

CD 27

Rosies Schlaflied

Im Zoo, da heißt es gute Nacht.
Auch Rosie hat die Augen zugemacht.
Es schlafen alle Tiere und Rosie sowieso,
denn jetzt ist Schlafenszeit in Rosalies Zoo.

„Ich glaube, die Tiere schlafen schon“, flüstert der Papa. Doch nicht nur die Tiere, merkt er da. Auch die große Zoodirektorin hat die Augen schon zu. Leise hört er sie atmen. Doch, wer ist denn das? Neben dem Bett raschelt etwas. Das Faultier hebt zufrieden den Kopf und sagt freudestrahlend: „Endlich kann ich einmal ungestört und in aller Ruhe so richtig gut faul sein.“

Rosie träumt vom Schwein und von der Kuh,
vom Affenstall, vom Krokodils-Schubidu.
Es schlafen alle Tiere und Rosie sowieso,
denn jetzt ist Schlafenszeit in Rosalies Zoo.

Auf den Lippen der schlafenden Rosalie liegt ein Lächeln. Denn in ihrem Traum geht es jetzt noch einmal richtig los, mit dem Elefanten, der Kuh, dem Schwein, den Fröschen und all den anderen Tieren.

CD 28

CD 29

Auf der beiliegenden CD hörst du ein großes Orchester. Hier findest du alle Instrumente, die bei unserem „Zookonzert“ gespielt werden.

Unser Komponist und Dirigent Erke Duit